KAREN HUTTER

Der Engel der Freundschaft soll mit dir sein

kiefel

Du bist nicht alleine.
Dein Engel ist mit dir.
Er ist für dich da,
schon bevor du geboren wurdest.
Er geleitet dich durch deine Zeit.
Er verlässt dich nicht.
Er ist bei dir,
auch wenn du ihn nicht beachtest.
Er weiß mehr von dir als du selbst.
Er drängt sich nicht auf.
Er hilft dir leise.
Nur du kannst ihn erkennen.
Nur du kannst ihn fragen.
Nur du kannst ihn hören:
Werde ganz still
und höre den Engel der Freundschaft,
der dein Leben reich macht.

Ohne Freunde gehst du wie ein Fremder durchs Leben. Du fühlst dich isoliert, nicht dazugehörig, unbeachtet, ausgestoßen. Das tut weh. Dennoch ist deine Zuneigung nicht billig zu haben, denn ein Freund ist dir wichtiger als zehn gute Bekannte. Die Verbundenheit mit anderen schenkt dir die Bestätigung, dass du anderen wichtig bist, dass du nicht unbedeutend und überflüssig bist. Wenn es für dein Selbstbewusstsein nicht ausreicht, dich im Spiegel zu betrachten, dann öffne dich deinen Mitmenschen. Dein Selbstwertgefühl ist auch abhängig von deinen Beziehungen zu anderen Menschen.

Was du mechanisch abwickeln kannst, funktioniert auch, ohne dass du ein Gefühl investierst. Zum Arbeiten, Essen, Schlafen brauchst du die Liebe nicht. Mit etwas Geschick und ein paar Fertigkeiten kannst du gut durchs Leben kommen. Aber möchtest du so leben? Niemand wird dann deine Nähe suchen. Alle Menschen werden dir fern bleiben, weil sich niemand von dir wie eine Sache behandeln lässt. Menschen sind Lebewesen und keine Roboter. Begegne allem Leben mit Liebe. Wie kannst du sonst erwarten, dass das Leben dich liebt?

War es ein Schock für dich, als du erkennen musstest, dass die Welt nicht das ist, wofür du sie hältst? Dass andere Menschen ein ganz anderes Bild von der Welt haben als du? Dass deine Ansicht nicht die für alle Menschen verbindliche Ansicht ist? Die Welt ist wenigstens so groß und bunt, so reich und vielfältig, wie es Möglichkeiten gibt, sie zu betrachten. Du bleibst ein Gefangener deiner Welt, wenn du Fremden nicht die Hand reichst. Freundschaft führt dich in andere Welten. Was könnte dich reicher machen?

Nein, du bist nicht krank. Aber du leidest. Du leidest am Leben, weil du dich mit deinem Schicksal alleine glaubst. Tausend Fragen bedrängen dich. Tausend Fragen versiegeln dein Herz. Du fühlst dich hilflos und willst nicht, dass jemand deine Unsicherheit merkt. Du wagst nicht zu fragen, denn du bist überzeugt, dass alle Antworten falsch sind. Hebe deinen Kopf, schaue anderen in die Augen und du erkennst: Vielen Menschen geht es so wie dir. Ein Lächeln kann der Schlüssel sein zu tausend guten Antworten.

Mit Spott und Ironie, mit Ablehnung und Unnahbarkeit hast du dich gepanzert, damit niemand erkennt, wie verletzlich du bist. Das scheint dir eine Schwäche zu sein, die deiner Meinung nach niemanden etwas angeht. Es mag sein, dass, wer hart ist, auch respektiert wird. Nur geliebt wird er nicht. Ich gebe dir den Mut, deine Mauern abzubrechen, deine Fenster und Türen zu öffnen. Keine Kränkung ist so schlimm, als nicht zu lieben und geliebt zu werden. Alles Lebendige kann verletzt werden. Auch der stärkste Baum kann verwundet werden. Doch er trägt neue Blüten.

Du gibst dich kalt und abweisend, doch in deinem Inneren brennt ein Feuer. Nie zuvor hast du dein Inneres so intensiv gespürt. Fragen und Zweifel bestürmen dich. Auch wenn Wellen der Enttäuschung über dich hereinbrechen, lasse das Feuer deiner Lebenskraft nicht einfach verlöschen. Höre nicht auf, seine Flammen mit Fragen und Freude zu schüren, denn wisse: Du bist nicht allein.

Du bist ein einzigartiger und wunderbarer Mensch. Aber du bist nicht unvergleichbar. Finde heraus, welche Eigenschaften dir gefallen, welches Verhalten dir sympathisch ist, welche Ideen dich interessieren. Du wirst bald feststellen, dass du nicht vollkommen bist und auch andere Menschen ihre Fehler und Mängel haben. Aber indem du bei anderen wertvolle Eigenschaften entdeckst, wirst du bemerken, dass auch du deinen Mitmenschen nicht gleichgültig bist. Wenn du bereit bist, öffne deine Türe, dann sei auch bereit zu geben.

Du lebst inmitten vieler Menschen, aber du kennst kaum jemanden. Darum bist du anderen auch unbekannt. Vielleicht findest du das ja sehr bequem, ein Niemand zu sein. Das erspart dir die Auseinandersetzung mit anderen Menschen. Du bist niemandem verpflichtet und keinem Rechenschaft schuldig. Nein, eine graue Maus willst du nicht sein. Eher schon ein einsamer Wolf. Doch warum klingt es, wenn du den Mond anheulst, so, als würdest du weinen?

Dein Leben soll interessant und erfüllt sein. Du träumst von bedeutenden Ereignissen, Anerkennung und Bestätigung, von einem Leben voller Abenteuer und Entdeckungen. Diesen Wunsch kannst du dir erfüllen. Dazu musst du keine exotischen Gebiete erforschen, keinen extremen Sport ausüben oder eine steile Karriere anstreben. Das alles ist nicht besonders wichtig, wenn du ein Menschenfinder wirst. Suche und erkenne die Menschen, die dir für dein Leben und nicht für deine Karriere wertvoll sind. Und wohl kaum etwas in deinem Leben wird von größerer Bedeutung sein, als dich in ihrer Mitte zu wissen.

Ein Lächeln ist immer ein guter Anfang. Oder du kannst auch ganz einfach die Wahrheit sagen: »Ich freue mich, dich zu sehen«. So werdet ihr miteinander bekannt. Zwar kann aus einer Bekanntschaft eine Freundschaft werden, doch können viele Bekanntschaften nicht eine Freundschaft ersetzen. Nur für wen du ein Freund sein willst, der kann dir ein Freund werden.

Wem du näher kommen willst, dem musst du entgegengehen. Wenn du zu weit gehst, entfernst du dich schon wieder. Freundschaft wächst langsam, wie alles, was gut werden soll. Sie lässt sich nicht einhandeln. Sie lässt sich nicht vertraglich vereinbaren. Freundschaft entsteht nicht durch Verpflichtung und nicht durch Abhängigkeit. Sie ist deshalb so kostbar, weil sie nur in Freiheit geschenkt werden kann. Wahre Freundschaft hat ihren Grund in sich selbst.

Alles, was du von der Freundschaft erwartest, musst du auch selber einbringen: Interesse, Achtung voreinander, Vertrauen, Verlässlichkeit, Rücksichtnahme. Du selbst wirst um diese Eigenschaften reicher, und du erhältst deinen Einsatz in gleichem Maße zurück. So gelingt es der Freundschaft, schwierige Lebenssituationen gemeinsam zu bewältigen und aus der Freude verdoppelte Freude zu machen.

Freundschaft verträgt keine halben Wahrheiten, keine Manipulationen und kein Vorteilsstreben. Daran geht jede Beziehung zu Grunde. Sei um der Freundschaft willen bereit, dein wahres Selbst zu zeigen. Öffne dein Herz und gib zu erkennen, wer du wirklich bist. Ja, du brauchst Mut dazu, aber du gewinnst auch große Gewissheit und Stärke. Habe keine Angst vor Verlust und Enttäuschung. Wen du jetzt verlierst, der war nicht dein Freund. Wer aber zu dir steht, vervielfältigt deine Lebensfreude.

In der Freundschaft gibt es keine Angst. Das ist ein außerordentlich wertvolles Gut in deinem umtriebigen Leben. Auch wenn du dich falsch verhalten hast, brauchst du dich in der Stunde der Not nicht zu fürchten, dass überlegene Kritik deinen Schmerz noch vermehrt. Freundschaft ist keine Einrichtung, in der einer immer alles besser weiß, auch wenn man sich deutlich die Wahrheit sagen kann. Statt überflüssiger Worte schenkt sie Trost und Hilfe in schwerer Zeit, Rat und Freude darüber hinaus.

Du bist ein Unikat. Jemanden wie dich gibt es kein zweites Mal. Dein Temperament, dein Wissen und dein Können unterscheiden sich von den Eigenschaften anderer Menschen. Und doch ist es möglich, dass zwei Menschen Freunde werden, obwohl Freundschaft auf Gleichheit basiert. Darum sind Freunde trotz aller Verschiedenheit bereit, einander anzunehmen, einander gelten zu lassen, so wie man ist. Freundschaft interpretiert nicht und sie unterstellt nicht. Sie akzeptiert, dass Freunde sich in einigen Aspekten entsprechen, in einigen Belangen verschieden sind und in anderen Dingen einander übertreffen.

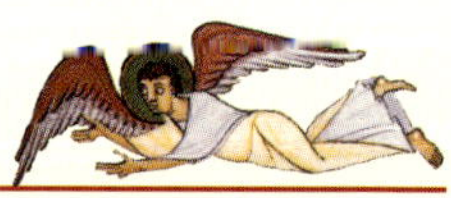

Freundschaft gelingt, wenn zwei Herzen füreinander offen sind. Die wenigen guten Freunde sind zu jeder Zeit willkommen. Welch großes Glück, in Freiheit und Freude aufeinander zugehen zu können, sich anvertrauen zu dürfen, ohne Misstrauen zu sein, sich in Freundschaft geborgen zu wissen. Die Kraft, die aus dieser Freude erwächst, hilft dir, Tag für Tag aufrichtig und herzlich zu lieben.

Die Deutsche Bibliothek — CIP-Einheitsaufnahme

Hutter, Karen:
Der Engel der Freundschaft soll mit dir sein / Karen Hutter. - Gütersloh: Kiefel, 2001
ISBN 3-579-05731-6

ISBN 3-579-05731-6
2. Auflage 2002

Konzeption und Produktion:

Druck und Verarbeitung: Proost, Turnhout, Belgien
Printed in Belgium

www.kiefelverlag.de